TRAS LA
TORMENTA

TRAS LA TORMENTA

JOSÉ LUIS NARANJO HERNÁNDEZ

Editorial Círculo Rojo
www.editorialcirculorojo.com

Primera edición: enero 2016

© Derechos de edición reservados.
Editorial Círculo Rojo.
www.editorialcirculorojo.com
info@editorialcirculorojo.com
Colección Poesía

© José Luis Naranjo Hernández

Edición: Editorial Círculo Rojo
Maquetación: Juan Muñoz Céspedes
Rev: Germán Fernández
Fotografía de cubierta: © Fotolia.es
Diseño de portada: © Óscar Gil Raya

Producido por: Editorial Círculo Rojo.

ISBN: 978-84-9126-305-0

Depósito Legal: AL 49-2016

A Pepi, y África,
el arcoíris tras la tormenta.
A mi madre,
quien tanto me ha dado.

"El perfume del cantueso lo embriagaba todo,
era como tapiz de mil motas de moradas pinceladas,
todo entrelazado con las enhiestas jaras
abanicadas por el tórrido junio.
A lo lejos perdidas encinas aguantaban con sopor
la tarde cálida del inicio del verano.
El silencio se hacía más inaguantable, haciendo eco de aquella
tarde de primavera cuando me perdía en tus brazos, aquella tarde
donde el cantueso y la jara envidiaban el rozar de tu espalda, aque-
lla tarde en que oteábamos el horizonte amándonos como si fuera
el fin de los días...aquella tarde tras la tormenta."
José Luis Naranjo Hernández

Prólogo del autor

Este poemario, es el segundo en solitario que publico, tras la publicación en febrero de 2014 de GUERRA DE VERSOS, la colaboración con más de una decena de autores en el libro Universos de papel, y la colaboración especial en la Antología al Cristo del Humilladero de Azuaga, con motivo del certamen literario al Cristo del Humilladero.

Tras presentar mi primer libro por diversas localidades, acudir a numerosos actos, participar en homenajes, me sumerjo en este nuevo libro.

Se trata de una recopilación de poemas, escritos durante el 2014 y durante de 2015, poemas escritos de forma sencilla, sin una rima buscada, de la más variada temática.

Se abordan poemas de amor, desamor, a amigos, a la naturaleza… Todos de mi autoría y para el disfrute de vosotros los lectores.

No quiero pasar este momento, para agradecer a una persona que me ha acompañado en cada una de las presentaciones y actos, a la cantante azuagueña Marina Castillo, que desinteresadamente, le ha dado a mi poesía el decoro que de ninguna otra manera se podría haber conseguido.

Sin más espero disfruten de mi (vuestro) poemario, que también podéis disfrutar en mi grupo de Facebook con casi mil seguidores en la actualidad, al cual os invito a visitar:

https://www.facebook.com/joseluisnaranjohernandez/
https://www.facebook.com/groups/385491364904990/

Espero, con mis versos, conseguir evadirte de la tormenta del día a día…

Con gran afecto,

José Luis Naranjo Hernández

CORAZÓN INERTE

Tienes el corazón como pairo,
como atónita vela,
que impasible se convierte en fría cera.
Tienes el corazón como témpano,
que sin aterirse no se contenta.
Tienes el corazón como gárgola,
que desagua desamores.
Corazón abúlico,
insulso.
Tienes el corazón que detenta desatino,
que reta al amor perdido del mío.

MI RINCÓN

Me obligas a no quererte,
y la obligación es para mí el aguantar sin besarte,
el partir mis sueños por la mitad para intentar no soñarte,
el cerrar los ojos para intentar no imaginarte.
Me obligas a no quererte,
y con obediencia incierta intento no pronunciarte,
no tocarte,
no buscarte.
Me obligas a no quererte,
y de mis lágrimas me hago mis grilletes,
y con mis no puedo salpico de te quiero cada rincón de mi pensamiento.

TRISTES

Ojos tristes,
no os puedo olvidar,
una mirada para soñar.
Ojos tristes,
mar para naufragar.
Ojos tristes,
negro mar.
Ojos tristes,
sueños rotos en mi soñar.
Ojos tristes,
labios que besar.

CÁCERES

Quisiera ser hábil cigüeña,
ser vencejo incansable,
Cáceres,
para poder ver tus calles desde el cielo.
Quisiera ser angosta piedra de tus barrios antiquísimos,
ser gárgola,
para permanecer en el tiempo,
para ser parte de ti...
Cáceres.
Ser campana,
ser torre mocha,
ser arco, capitel...
para adornarte,
Cáceres.

ROBAR

Robar a la noche tus ojos,
para contemplar desde ti el negro cielo,
robar a tu boca su sonrisa,
para ser feliz en tus labios.
Robar tus palabras,
para ser envidia del viento.
Robar tu perfume,
para ser rosa por un día.
Robar tus pasos,
para estar en tus pasos.
Robar tus silencios,
para estar callado contigo.
Robarte un te quiero,
para ser te amo en tu boca.

SUS OJOS

Y miré sus ojos,
la magia lo envolvía todo.
Son ojos que dan luz a todo,
que alegran los días grises,
que te sacan una sonrisa de la nada.
Sus ojos, un mar de ternura.
Y miré sus ojos,
y se paró el minutero,
y mi corazón ya solo tenía una razón para latir.
Esos ojos que no me canso de querer,
sus ojos.

A la dueña de mis ojos, África.

TUS OJOS

Tus ojos, sinceros,
tus ojos, ahora cerrados,
tus ojos, marcaron un hito,
tus ojos, pupilas dilatadas, por el miedo,
tus ojos, eslogan de libertad,
tus ojos, mirada de ángel, como tu nombre,
tus ojos, decían lo que pensabas,
tus ojos Miguel Ángel,
tus ojos fueron cerrados por dos cobardes disparos...
tus ojos, en mi memoria.

En recuerdo de Miguel Ángel Blanco

100 FORMAS

Contigo,
hay 100 formas de sentir un te amo,
con una mirada,
con un suspiro,
con un silencio,
con un como dormiste,
con darte la mano.
Contigo,
hay 100 formas de sentir un te amo,
con un te echo de menos,
con un Tkm de whatsapp,
con una sonrisa,
con un pensamiento,
con solo pensar tu nombre...
contigo.
Contigo,
conocí el verbo amar en gerundio,
conocí la sonrisa más sincera,
conocí a sentir el querer en un calidoscópico gesto.
Contigo,
aprendí la poesía de tu boca,
aprendí de ti, serena mirada.
Contigo, aprendí,
a recoger besos,
a nadar en el mar de tu boca.

EXPERIMENTO

Eres la consecuencia de este experimento,
de este amor taciturno,
de esta tarde de verano, mi centro.
Eres la media luna en esta noche,
la sonrisa en mi cara,
las lágrimas de mi alegría.
Eres, a veces mi tormento,
tormento en mis sábanas.
Eres beso,
beso rabioso para mis labios.
Eres sueño,
sueño romántico, cuando te doy la mano.
Urgente eres,
cuando agarro las sabanas,
cuando pasan dos horas sin verte,
siempre eres.

NO ME ACOSTUMBRO

No me acostumbro a estar sin ti,
sin tu sonrisa,
sin tu mirada,
sin tus ratos a solas,
sin tus silencios,
sin tus buenos días,
sin tus palabras,
sin tus besos,
sin tu despertar a media noche,
sin tus caricias,
sin tus labios,
sin tu compañía en mi cama,
sin tus palabras a medias,
sin tus mensajes sin palabras,
sin ti...
No me acostumbro.

LA FÁBRICA

Llévame a la fábrica de besos,
a la fábrica de abrazos sinceros,
a la fábrica de miradas tiernas.
Llévame a la fábrica del deseo,
a la fábrica de caricias,
a la fábrica de suspiros cupido.
Llévame a la fábrica de te quiero,
a la fábrica de hacer sueños,
a la fábrica de despertar acompañado.
Llévame a la fábrica de palabras de ensueño,
a la fábrica de formas de amar,
a la fábrica de deseos eternos.
Sácame de la fábrica de decir te amo a solas,
sácame un "Te echo de menos",
sin descanso.

SABE LA NOCHE

Sabe la noche que no soy sin ti,
que sin tú te quiero no puedo dormir,
que aun siento tu mano al soñar,
que sin tus labios no puedo vivir.
Sabe la noche que por instantes añoro el amar,
que ahora la noche me amarra a mis sabanas,
que ahora temo el despertar.
Sabe la noche que de tus besos rodearía mi almohada,
que te llevaste mi alma.
Sabe la noche,
que en ti se conjugó el verbo amar.

LA PÉRDIDA

Si perdiera tus besos,
perdería la cordura,
la sonrisa,
el verbo amar de mi diccionario.
Si perdiera tus besos,
perdería la ilusión,
los sueños,
la esperanza.
Si perdiera tus besos,
perderían mis ojos su brillo,
perdería la memoria.
Si perdiera tus besos,
me perdería por ti.

CAE LA NOCHE

Cae la noche,
y el sol se lo lleva todo,
tus risas,
tus palabras.
Cae la noche,
y mi cama se hace eterna,
un mar en tempestad,
una tormenta.
Cae la noche,
y el silencio gana a la algarabía,
y tu eco se hace eterno,
un eco sincero.
Cae la noche,
pensando que no volverá el día.

RAÍDO CORAZÓN

Raído dejaste mi corazón,
con el amor fugaz que diste,
como humo de tren antiguo que el viendo arrastra.
Me dejaste,
con el hálito justo,
impasible,
como si una dádiva hubiese sido lo nuestro.
Raído dejaste también los sueños,
sueños que al desconcierto se esfumaban,
de tu mano,
mientras el tiempo me arrastra.

POEMA SECRETO

Esta noche quiero un poema secreto,
un poema en el que rimen las miradas,
en el que se confiesen los labios al roce con tus labios.
Un poema secreto,
en el que rimen mis dedos en tu espalda,
en el que rimen mis sueños con tus sabanas.
Un poema secreto,
en el que sin decir nada se diga todo.
Un poema que acabe con un "Para ti..."
un poema con el que al lado de tu nombre sobren las palabras.
Con poema secreto que acabe para siempre
en un te quiero.

DESEO

Deseo,
que caiga la tarde,
que gane la oscuridad al día.
Deseo,
que el silencio se imponga al bullicio,
que el tintineo de las arraigadas estrellas predomine la noche.
Deseo,
llenar de recuerdos el firmamento,
pasar las noches en vela.
Deseo,
la noche,
para vivir a tu lado.
Para vivir,
un amanecer desbocado.

CAPRICHO

Tus besos,
el hálito justo.
Tu boca mi sístole,
mi boca el diástole.
Tus labios,
consciencia para amar.
Tu sonrisa,
ribete de un mar de deseo.
Tus ojos,
un mar de antojos.
Tu mirada,
un capricho incierto.
Tú,
irreemplazable.

CALLO

A veces callo,
me pierdo en miradas,
vago errante en sueños,
en sonrisas.
A veces me pierdo,
me busco en espejos,
me persiguen recuerdos,
sueños.
A veces callo,
me abandono,
me abandona la cordura,
se instala la locura.
A veces callo,
para escuchar tu voz,
tu voz que habla en mi corazón.

MI POESÍA

Te abrazo con cada palabra de mi poesía,
te beso con cada rima,
te añoro con cada sílaba,
con cada verso roto en un poema.
Te abrazo hasta en los ratos en silencio,
en cada punto suspensivo,
en cada mirar el reloj y saber que te has ido.
Te abrazo en cada vez que recuerdo que te fuiste para siempre.

TE LLEVÓ LA TIERRA

Te llevó la tierra,
el tiempo pudo contigo,
te llevó el viento amigo,
se llevaron tu sonrisa,
tus palabras,
tu presencia.
Te llevó la tierra,
el tiempo pudo contigo,
ahora eres parte del cielo, amigo.
Se llevó tu mirada,
tu compañía,
tu amigables palabras.
Te llevó la tierra,
ahora eres polvo…
Contigo se paró el tiempo,
te aferraste a en mi memoria amigo.
Te llevó la tierra,
pero para muchos habitas en corazones,
amigo.
Porque te llevaste parte de nosotros.

EN CADA SEGUNDO

Si me preguntan cada cuanto te echo de menos...
diré en cada segundo.
Si me preguntan cada cuanto te nombro,
diré cada vez que pienso en la palabra amor.
Si me preguntan desde cuando no te beso,
diré desde que mis ojos despertaron esta mañana.
Si me preguntan hasta cuando me acostumbraré a saber que te fuiste,
diré jamás podré acostumbrarme.

SE APAGÓ

Se apagó tu sonrisa,
niña bonita,
por culpa de unos cobardes.
Se apagó tu dulce mirada,
niña bonita,
por culpa de unos miserables.
Sevilla se siente sola,
el Guadalquivir llora por ti,
Marta.
Se apagó tu dulzura,
niña bonita,
en manos de un asesino cobarde.
Ahí donde te tengan...
no desesperes...
niña bonita,
España te añora.

A Marta del Castillo.

TE ESPERO

En el surcar plata de una estrella fugaz,
que rompe el cielo,
en la noche de fugaz primavera que va dejando lugar al verano,
en cada zumbar del intrépido silencio,
te encuentro.
En cada brisa que acaricia mi rostro,
en el brillo de cada estrella,
en cada atardecer,
en cada noche en vela,
te espero.
En cada despertar angosto,
en cada te quiero no dicho,
en cada beso desperdiciado...
en todo...
te echo de menos.

EL CIPRÉS

Y me convertiste en un ciprés,
ciprés oscuro,
taciturno.
En un ciprés testigo del sin sabor,
de la desilusión.
Me convertiste en un ciprés,
con esmero,
un ciprés impasible,
consternado.
Me convertiste en un ciprés,
árbol sin sombra,
recogido,
un ciprés perdido bajo el tenue sol del viejo invierno.
Me convertiste en un ciprés,
a la espera de tú te quiero.

DEJAR DE SOÑAR

Intenté,
dibujar sonrisas en mi cara,
levantarme a pie derecho.
Intenté,
soñar en soledad.
Intenté,
que el eco de tu estancia perdurara en la eternidad,
que tu salvaje fragancia no se fuera con el viento.
Intenté,
que tus arrugas en mis sábanas me dieran calor en la oscuridad.
Intenté,
lo imposible,
para no dejar de soñar.

SIN SALIDA

Me has leído el pensamiento,
y despacio te has ganado el corazón,
y me has ganado poquito a poco.
Me has leído el pensamiento,
has descifrado que te tengo escondida en un rincón de mi corazón
desenfrenado.
Ahora, soy un mar de pensamientos,
de tempestades,
de domingos al amor cerrado,
un callejón sin salida.

IMCAMBIABLE

No se puede cambiar un te quiero,
por cien miradas,
por cien sonrisas,
por un beso.
No se puede cambiar un te quiero,
por cien caricias,
por cien te espero,
por un beso.
No se puede cambiar un te quiero,
solo se puede cambiar Todo,
solo por un te amo.

GANAS DE BORRARTE

Me entraron ganas de soltarte de mi mano,
de borrarte a toda prisa de mi corazón solitario,
borrarte de mi pensamiento,
hacerme a la idea del sin vivir sin tenerte de mi lado,
borrar el querer abrazarte,
acostumbrarme a cerrar los brazos y abrazar el aire.
Me entraron ganas de soñarte,
para tenerte por una noche...
prendida de mi almohada.

LA TORMENTA

Había pasado la tormenta,
el vendaval de pasión que removió mis sabanas,
el tornado que arrastro mi corazón,
los relámpagos que me devolvían tus sonrisas.
Había pasado todo,
ahora el tambor que marcaba el paso del fulgor a tu lado,
ha tornado en silencio.
Había pasado todo,
y ahora la única compañía que tengo,
es tu sonrisa rota.

OLVIDO

Olvidé mi nombre,
el nombre de las cosas.
Olvidé, con más dolor aún, mis hijos,
mis padres, mis hermanos...
Olvidé donde vivía,
donde dejaba las cosas,
hasta quien era mi familia,
y quien, en cambio,
un simple desconocido.
Olvidé tus ojos,
tus labios...
hasta la caricia de tus manos,
lo olvidé todo.
Olvidé hasta el vestirme,
el caminar,
el día de la semana...
Olvidé todo lo que con ahínco había conseguido.
Lo olvidé todo,
por una dichosa enfermedad,
Alzheimer.

AMIGA

Nada más fuerte que una sonrisa,
que una alegre mirada tuya.
Nada más fuerte que el denuedo con que pasas días...
Nada más fuerte que las dádivas que regalan tus ojos,
que la fuerza que dan tus palabras.
Nada más fuerte que tenerte como amiga,
y poderte comparar como quien tiene rosas y jazmines,
para de su perfume adornar mil jardines.
Nada hay más fuerte, que tú amiga.

DECIRTE TE QUIERO

Como la perlada escarcha,
que da sentido a las mañanas.
Como la luna llena que acaricia las noches eternas.
Como los besos que peregrinan en un te quiero.
Así eres para mi vida,
inseparable, indispensable...
Como el arco iris tras la tormenta,
como despertar de un anhelado sueño,
como escuchar el rumor del agua en una noche de invierno,
todo.
¿Cómo no voy a decirte te quiero?

CUANDO ME ENCUENTRE LA TIERRA

Quizás mi corazón se haga sordo,
quizás el 14 de febrero se borrara del calendario,
quizás mi mirada se haya tornado oscura...
Quizás la sonrisa ahora sea rota,
quizás no pueda escucharte,
quizás a la felicidad le ganaron las lágrimas...
Quizás te hayas ido,
de forma repentina entregaste la vida.
Quizás los días pasen,
quizás mi pelo se cargue de canas.
Pero tengo toda una vida para volver a amarte,
cuando me encuentre la tierra.

PARA SIEMPRE

Te confundí con tornado,
con lluvia de estrellas,
con un arco iris en tarde de tormenta.
Te sentí como trueno,
como un relámpago que rompe la noche,
como estrella que fugaz se enciende y se apaga,
sin aviso.
Te escuché,
pero el silencio lo lleno todo.
A gritos de desolación,
de desconsuelo.
Te perdí, para siempre.

MI PUEBLO

El rumor del agua, al deslizarse por las antiquísimas gárgolas,
el arrullo de las incansables palomas,
el silbido del alegre viento del cerro alto,
el crepitar de las joviales voces de los niños en el atrio.
El cantar del longevo campanario,
la robusta pila bautismal vidriada en verde,
los sillares trabajados por manos azuagueñas,
las impetuosas columnas que soportan el majestuoso templo...
Esto es mi pueblo...
Azuaga.

TE FUISTE

Te fuiste,
sin poder decirte adiós,
sin poder saludarnos,
sin motivos...
Te fuiste,
sin poder sonreír juntos una vez más,
sin explicación,
con mesura.
Tuvimos buenas medio días juntos,
entre amigos,
porque era difícil no ser amigo tuyo.
Por los días que supiste escucharme,
por ser apoyo en otros momentos menos buenos,
por estar ahí.
Por Todo...
gracias A.M.C.

BESOS

Besos,
como escarcha perlada,
que brillan,
que marcan.
Besos,
sin denuedo,
como rocío en feble espiga,
sin amparo.
Besos,
de labios joviales,
como virgen selva,
sin costumbres.
Besos,
en la esencia de un te quiero,
besos,
de tu mano.

LAS ROSAS NO HABLAN

Aunque las rosas no hablan,
adornan el silencio,
esconden al corazón
de un enamorado que regala te quiero con cada rosa.
Aunque las rosas no hablan,
se recibe como un beso,
beso de esos que marcan,
que regalan sueños.
Aunque las rosas no hablan,
llenan de sonrisas cada rincón,
dan brillo a los ojos,
dan perfume al amor.
Aunque las rosas no hablan,
yo quiero llenar tus oídos de te quiero,
con rosas rojas.

ÓSCULO

!Quién fuera ósculo, para acabar con tus labios!
Para adornar el ribete que da tu boca,
para inocularme de tu sonrisa,
para extraviarme donde termina tu cara.
!Quién fuera ósculo, para acabar con tus labios!
Para que te convirtieras en dádiva para mi boca,
para de blancas estrellas, que son tus labios, vestir mi noche.
!Quién fuera ósculo, para acabar con tus labios!
Para convertirlos en almohada donde descansen mis labios,
para que fuesen barca,
al mar de mi boca.

FLORES A MI JARDÍN

El redoble de las nubes,
hacia percibir el aroma a lluvia.
Dando a las acacias del amor un verdor más intenso.
El ruido, ahora apagado por la noche, se hacía más sonoro,
impasible.
El torrente,
del nuevo amor,
difuminaba la rancia estela que había dejado los años a tu lado.
Ahora que los años habían borrado tu mirada,
conseguí naufragar en otros labios,
labios que volvían a dar flores a mi jardín.

MI HUMILLADERO

Te vi mecerte,
en noches de luna llena,
recorrer mis calles,
en silencio,
sin lamento.
Te vi sin lamento,
a la luz de tercia vela,
en penumbra,
con paso lento,
recorriendo mi pueblo.
Te vi en silencio,
al sonido de esparto,
al cimbreo de tu paso,
mi Humilladero.

OJOS AZULES

El mar,
profundo,
que son tus ojos,
ojos azules.
El mar,
dulce,
que es tu mirada,
octogenaria.
El mar,
que todo lo puede,
que todo lo aguanta,
el mar imbatible...
El mar de tus ojos,
ojos azules de mi abuela.

ESTACIÓN FINAL

Grises,
son las paredes,
como grises,
con los sueños desde mi almohada.
Grises,
tardes al arraigo de frías sabanas.
Grises,
miradas frías,
camufladas.
Grises,
melodías grises,
de ensordecedor silencio desde mi cama.
Grises,
con ojos cerrados,
en espera.
Grises,
mi vida gris se exaspera.
Gris hospital,
estación final.

INCIERTOS

Vuelves,
y entre sueños te escapas,
dejando tras de ti el recuerdo de la línea de tu labios.
Bailas,
como un arlequín entre mis sábanas,
impasible.
Vuelves,
con el cerrar de mis ojos cada noche,
llegando incluso a retorcer mi almohada.
En el vacío me haces amar,
como viendo que sopla,
para nada.
Vuelves,
me sumes en desvarío,
con besos fríos,
inciertos,
como siempre.

NECESIDAD

¿Qué necesita tu corazón?
Sólo te pido para mis labios,
para que vuelvan mis ojos a soñar,
sólo te pido un rato tu boca.
¿Qué necesitan tus ojos?
Sólo te pido tu mirada,
fría escarcha,
para calmar las rojas ascuas de mi mirada.
¿Qué necesitan tus manos?
Sólo te pido perdida caricia,
para soñar.

TE BUSCO

Con denuedo te busco,
con corazón obstinado,
tenaz.
Pero tú con somero corazón me esperas,
impasible...
Mi corazón naufrago en piélago helado.
Mientras tú me conquistas desde la balsa que a mi vida le dan
tus labios.

SOL TRAS LA TORMENTA

Eres,
como la luz que me da la vida,
como sol tras un día de tormenta,
como sonrisa de un niño en cara de tristeza.
Eres,
como flor que nace en desolado descampado,
como manantial en agostado desierto,
como beso en un reencuentro.
Eres,
de mi vida la alegría,
de mí, corazón.
Eres,
madre, mujer,
todo.
Eres,
ternura, sentimiento.
Para mí, la vida.

EN SILENCIO

Recorres cada noche mi añil desconcierto,
al arrecie de la tormenta de sueños que me calan,
en silencio,
a la luz de desesperadas estrellas,
en silencio.
Recorres cada noche la naufraga valsa que da tu almohada,
para corazón que navega en desconsuelo,
en zozobra,
a ir y venir del faro que le da a mi costa,
tus labios.
Recorres cada noche mi cielo,
al tintineo que con serios besos,
calmas mi sonrisa,
amarrando mi corazón,
a tus te quiero.

CÁNCER

Pasé noches en vela,
en zozobra,
en sin reír...
perdía las horas.
Pasé noches en velas,
días en ir y venir,
silencio que se volvía lagrimas tras la llamada.
Pasé días,
semanas,
sin respuesta al por qué,
al cómo, a nada...
Pasé días,
enganchado a goteros,
de hospitales,
de ambulancias,
días inciertos...
Pasé días,
que me abandoné a mí mismo,
que hasta el pelo me sobraba,
sólo...
Pasé días,
embestido por la rabia,
de saber que seguía dentro...
Pasaron los días,
y comprendí que el cáncer,
podía tener cura.

EL BALCÓN DEL SOÑAR

Me asomé a mi balcón,
para perderme en tus pisadas,
para dibujar arco iris en cada paso que me regalabas,
para soñarte.
Me asomé a mi balcón,
para buscar la fina curva que dibujaban tus labios,
para hacer caracolas con tu pelo,
para robarte.
Me asomé a mi balcón,
para hasta en silencio escucharte,
para con tus palabras enamorarme,
para pensarte.
Me asomé a mi balcón,
al balcón del soñar.

EN LA TRINCHERA

Con labios fríos,
me despedías.
Con un mar de soledad,
me quedé en compañía.
Con ensordecedor estruendo de bombas, y metralla cercana,
el deseo se hacía insoportable.
La congoja me barría el corazón.
Y tu adiós se hacía eco en cada disparo.
Con cada disparo,
te hacías más pequeña,
en el mar de desconsuelo,
de ira,
de sin sentido,
que movía la guerra.
Sólo tus labios me hacían impasible,
sólo tu boca me hacía no venderme al alud de disparos,
sólo tu boca me hacía desconcertado,
abrazarme a tu recuerdo,
abrazarme a mi fusil pensando en tu boca.
En la trinchera.

ALBERO

Todo se hace una cueva,
cueva que da al albero,
cueva que se hace pasillo eterno,
sin salida, donde solo espera la suerte.
Cueva donde se baila con la muerte,
muerte que se torea, que se danza,
al sainete de un capote,
de la muleta.
Donde al compás de pase a pase se lleva al toro a chisqueros a bus-
car la buena muerte.
Toro y torero,
uno por el otro.

LO QUE LA VIDA ERA
Tus ojos,
oscuros,
desnudos de sentimientos,
fríos,
como feble acero.
Tu boca,
efímera,
brocal de envenenadas promesas,
tenue como el invierno.
Tus pasos,
difusos,
altaneros como tu guadaña,
sembrando un halo de sin sentido,
de congoja, de llanto...
Dando el óbito,
a todo lo que vida era.

UN LUGAR

Hay un lugar,
donde se mezcla tierra parda con amarillos cereales,
donde mares de encinas juegan con los atardeceres,
atardeceres inmensos en las infinitas llanuras de la campiña.
Hay un lugar,
donde un erguido castillo, vencido por los años, lo vigila todo.
donde el blanco de sus casas,
lo reina todo,
donde antiquísimos dólmenes y menhires, detienen el tiempo.
Hay lugar,
donde una centenaria parroquia aguanta el peso de un pueblo,
donde los Jueves Santo a las doce se enmudece un pueblo.
Un lugar regado de impasibles pilares, de vivas aguas,
de alegre gente,
de amplias calles,
un lugar...Azuaga.

DESEO

Deseo,
en sofocantes noches de invierno,
a la luz de la simpática hoguera,
en el jadeo de la noche.
Deseo,
de sueños con estruendo,
de mirada perdida,
en querer y no poder.
Deseo,
de robarte besos,
de coger tu mano,
de volar a tu lado.
Deseo,
de tocar tu pelo,
de ser tu verbo,
deseo, por él pierdo.

ALTIVA MAREA

Tus ojos,
altiva marea que todo se lleva,
cual temporal que golpea mi costa,
cual tormenta que en borrasca me lleva.
Tus ojos,
furia de Baco,
que me tira con pasión,
con desmesura,
que me arrastran.
Tus ojos,
que me iza el corazón,
para dejarme caer en la lujuria,
de las miradas que me regalas.

LA NOCHE

La noche me besaba,
al rumor de las estrellas,
a la luz de blanca luna,
esperando el alba.
La noche me acariciaba,
tornando todo oscuridad,
abrazando con el rocío,
las impasibles encinas centenarias.
La noche me acompañaba,
en silencio, solitaria,
dándome sueños,
dándome consuelo...
la noche solo ella.

CORAZÓN AVENTURERO

Corazón sin esquinas,
corazón sin espinas,
corazón sin excusas,
corazón sin rebeldía.
Porque me llega la noche,
porque me arrecian sueños,
porque me pierdo en mi almohada,
porque vago de recuerdos.
Corazón esquivo,
corazón perdido,
corazón en descanso,
corazón de amor descalzo.
Porque me pierdo en las miradas,
porque busco el desconsuelo,
porque navego entre tus sueños,
porque congelo corazón.
Corazón aventurero.

PERDERME EN TI

Perderme,
en un beso,
en una mirada,
en un sueño.
Perderme,
en tus dedos,
el mar de tus ojos,
el acorde de tus palabras.
Perderme,
en la piel que cubre tu cuerpo,
en tus sabanas,
en unos buenos días a tu lado.
Perderme,
en la curva que dibuja tu espalda,
en el hormigueo de sentir tus labios.
Perderme en ti.

FLAMENCO

Punta, tacón,
brota la magia de tu contoneo,
del danzar del fiero abanico.
Punta, tacón,
al compás de dicharachero taconeo,
del baile de volantes...
Punta, tacón,
te bañas de palmas,
en un sinfín de colores.
Punta, tacón,
al griterío de la guitarra,
por soleá, o por seguiriyas.
Punta, tacón,
en las caricias que le dan tus volantes a la tarde,
en el tamboreo de tus tacones,
Punta, tacón,
te bebes los vientos,
viviendo flamenco.

ABANDONO

Me abandonó la magia de sus ojos,
llevándome como vendaval que desnuda de hojas a los olmos.
Me abandonó al arraigo de tristes noches, como hoguera que no
prende por la humedad de sobrias noches de invierno.
Me abandonó, robándome sueños,
cargándome de silenciosos sueños, al sopor de frías pesadillas.
Me abandonó, dejando sedientos y resquebrajados labios, tras un
oasis de esperanza, de labios y deseo y que no daba...me abandonó.

APRENDÍ

Contigo,
aprendí a acortar las noches,
a romper sueños,
a vivir en deseo.
Contigo,
aprendí a controlar alma fiera,
a vivir del contoneo,
a soñar con el desfiladero de tus besos.
Contigo,
acorte los días,
viví del desenfreno,
en noches de tequila y alterno.
Contigo,
a veces pasión,
otras desconsuelo,
a veces calma,
otras me pierdo.

LA COSTUMBRE

Me acostumbré,
a perder el azul del cielo que me daban tus ojos.
Me acostumbré,
a naufragar en el mar de tu olvido,
a rozar tus dedos en medio de las sombras de los sueños que me das.
Me acostumbré,
a perderme buscando huellas hacia ningún lugar,
a morir de sed, en labios por besar.
Me acostumbré,
a golpear con lágrimas mi almohada,
a dormir para buscar, buscar caminos, caminos para soñar.

ME AGASAJAS

Me agasajas con fieros labios,
con retorcidas miradas,
con ardientes ojos me mirabas.
Me engalanas con agridulces palabras,
con fatuas fábulas,
con tristes sonrisas me bailabas.
Me contoneas con ir y venir de desconsuelo,
con sin sentido de arrogancia.
Me elevabas hasta el cielo,
para con leve suspiro gritarme,
y tirarme al desfiladero de un no te quiero.
Me agasajas.

PARTIDA

Otro día, sin ti,
otra noche sin estrellas,
otro dormir sin soñar.
Otros labios sin sonrisa,
otra lágrima por surcar,
otra mirada perdida.
Otros pasos solitarios,
otros brazos sin abrazar,
te quiero que se pierden,
en inmensa soledad.
Otras flores sin perfume,
un jardín sin habitar,
otro desierto en mi corazón,
otra vuelta atrás.
Otro reloj sin minutero,
vuelve tu teléfono a comunicar,
te has ido...
el tren jamás volverá.

SOLO BUSCO

Solo, busco el contorno de un te quiero,
para perderme en su desfiladero.
Solo, busco romper un comunicando al preguntar por un me quieres
todavía,
para responder a la llamada de mi corazón.
Solo, busco tus ojos, dulce mirada,
para naufragar contigo.
Solo, intentando parar las horas,
Que rompen mi minutero,
Solo.

ÁMAME

Ámame,
en la desidia de las noches,
en la barahúnda de mis pesadillas,
ámame.
Ámame,
en crepitar de la distancia,
en el devenir de los días,
ámame.
Ámame,
aunque solo sea espejismo de amar,
aunque sólo sea amor en miradas,
ámame.
Ámame,
para volver a encontrar unos labios,
para volver a soñar,
ámame.

COBARDE

Yo, te enseñaré,
que con voces,
no se quiere.
Que con empujones,
solo empujas mis te quiero.
Yo, te enseñaré,
que con malas formas,
no se quiere,
que levantando la mano,
te conviertes en cobarde.
Yo, te enseñaré,
que pegándome,
No se quiere,
que hace de ti,
un miserable.
Yo, te enseñaré,
que con celos,
no me quieres,
que de tus voces,
hiciste tu cárcel.
Yo, te enseñaré,
que mis cardenales,
serán tu condena,
que tu amor,
te hace cobarde.

CORAZÓN APESUMBRADO

Sería zambullido en mi corazón,
poema recitado por tus labios,
rayo en la tormenta.
Sería mar en calma,
en la tormenta,
carmín en cuello de camisa,
de amante, desesperado.
Sería, arco iris para cuarenta grados en agosto,
sería, besos en solitario,
música en ruido de motores.
Sería, si de mí no te escondieras,
si de mis labios bebieras.
Serias, en mi cabeza,
pensamiento.
Para corazón apesadumbrado.

SOMOS

Solo somos deseo,
somos manos,
somos boca,
somos labios,
somos dedos,
somos miradas.
Solo somos deseo,
somos noches a solas,
somos besos a oscuras,
somos tacto,
somos locura.
Solo somos deseo,
deseo denso,
deseo fuerte...
somos palabras,
somos te amo,
somos cordura.
Solo somos deseo,
deseo que embriaga,
somos jadeo,
somos sabanas,
somos almohada...
Solo somos deseo,
sin perjuicios,
somos deseos a raudales,
seseos fríos, errantes.
deseo inescrutable...
solo deseo.

AMOR CONCEDIDO

El secreto de tus ojos,
que se esconde tras tu mirada,
el secreto de tus labios,
que de tiernos besos se disfraza.
El secreto de tus dedos,
que de caricias me ensalzan.
El secreto de tu piel,
que te cubre en bella estampa.
El secreto de tu pelo, azabache,
que me hechiza con ansia.
El secreto de tus huellas,
que me pierden.
El secreto que le das a las palabras.
Palabras,
de amor que solo tú y yo nos concedemos.

LA MARCHA

Te marchaste,
y olvidado me quedaste.
Perdido en tardes grises,
invadido y acompañado
de arrogante soledad.
Te marchaste,
perdiendo tu mirada,
olvidando tus labios,
ensordeciendo tus palabras en mis oídos.
Te marchaste,
rompiendo el sordo tambor que es mi corazón.

SONRISA ROTA

Escondido tras una sonrisa rota,
con sus manos en los bolsillos,
con cabeza baja.
Escondido en un sin sentido,
en la inmensidad de la burla,
en el hazme reír de todos,
en una infancia vertiginosa.
Escondido en tristes días,
en voces,
en sin amigos,
en fracasos.
Escondido en el silencio de su casa,
de todos los suyos,
en libretas en blanco.
Escondido en las risas de sus compañeros,
en la soledad del colegio,
en el rincón del parque.
Escondido, cuando él lo es todo,
cuando sus ojos son un mar de verdad,
cuando de su compañía rebosa amistad.

NO LE QUIERAS

No le quieras,
porque quien quiere no hace eso.
No le quieras,
porque el que te quiere te rechaza.
No le quieras,
porque si te quiera no te regalaría disgustos.
No le quieras,
porque él te amo se pronuncia con dulces palabras.
No le quieras,
porque levantando la mano no se quiere.
No le quieras,
porque tú eres lo primero y no lo último.
No le quieras, sino te regala sonrisas y te quiero cada mañana.

QUISE

Quise acariciar el aire,
y lo confundí con tu cabello.
Ver amanecer,
y me perdí en tus ojos.
Bañar mis pies descalzos en el mar calma,
y me perdí siguiendo tus huellas.
Quise permanecer en silencio,
y tus palabras ensordecieron la noche.
Parar el tiempo,
y le distes brusca vuelta al reloj de arena.
Quise beber de tu boca,
y tus labios me colmaron.
Cerrar los ojos,
y de tu mano rocé el cielo.

MI JESÚS NAZARENO

A la cruz recostado,
descansa el nazareno,
con sus pies descalzos,
y tu mirada clavada en el suelo.
A tu cruz recostado,
con la espalda maltratada,
zarandeándote y sin quejarte,
Jesús Nazareno.
A tu cruz recostado,
con tu frente sesgada,
por ciento de espinas coronada,
tus ojos tristes,
llenos de consuelo se hayan.
A tu cruz recostado,
camina despacio,
mi Jesús Nazareno.
Hundida en tu espalda,
llevas la cruz cargada.
A tu cruz recostado,
cuerpo maltratado,
Jesús, mi Jesús Nazareno.

HACER DE TI

Quiero hacer de ti,
lo que a un corazón le hace un catorce de febrero,
lo que hace que erice tu vello.
Quiero hacer de ti,
el motivo de mi sonrisa,
el mensaje de mi botella,
el Sí a un me quieres.
Quiero hacer de ti,
el motivo de mis sueños,
el deseo de mis estrellas fugaces,
el roce de mis labios.
Quiero hacer de ti,
primavera, en este mi invierno,
flor roja, en el blanco inmenso de la nieve.
Quiero hacer de ti,
verbo amar, felicidad,
hacerte el millón de razones para soñar.

CADA NOCHE·

Quiero cerrar los ojos,
para ganarte,
para tocarte,
para besarte,
para sentirte.
Quiero cerrar los ojos,
para dejarme los labios en tu piel,
para gastar mis dedos acariciando tu espalda,
para tomar prestada tu sonrisa.
Quiero cerrar los ojos,
para tomar tus labios,
para llevarme tu mirada,
para ir de tu mano,
para que seas lo único que veo.
Quisiera cerrar los ojos,
perder el equilibrio en la cuerda floja que le das a mis te quiero,
poder quedarme colado por tus palabras.
Quiero cerrar los ojos,
para que el fin del mundo me pillara a tu lado,
para que al caer en ese precipicio, sea el precipicio al que me lleva tu boca.
Quisiera cerrar los ojos,
hacerlo sueño todo.
Cerrar los sueños para hacerte mi sueño
cada noche.

DÉJAME SER

Déjame ser
poema de amor.
Ser beso.
Déjame ser,
alma, verbo amor.
Déjame ser,
tu luz de luna,
tu vela,
Ser tu.
Déjame ser,
deseo de tus estrellas.
Déjame ser,
amor juvenil,
labios para besar.
Ser tu flor al atardecer.
Déjame ser,
tu piel.
Perderme en ti.

NECESITO

Necesito
tu caminar,
tu forma de hablar,
tus ratos a solas,
tus labios,
la línea que dibuja tu espalda,
tu sonrisa inocente.
Necesito,
tus huellas,
tu olor,
tu forma de besar,
tus dedos,
el contoneo tuyo al bailar.
Necesito,
sueños contigo,
tocar tu mano,
sentir tu mirada,
perderme de tu lado.
Te necesito.

OTOÑO

Vuelve a amanecer,
cegadores rayos de sol acarician los tejados,
que "arrecíos " se desarropan del halo de rocío que les baña.
Vuelve a amanecer,
y los madrugadores vencejos abandonan el inhóspito campanario,
en un ir y venir a los febles árboles vecinos.
Vuelve a amanecer,
y el impasible castillo da la espalda al crepitante sol tempranero,
a lo alto del ímpetu de su pueblo.
Vuelve a amanecer,
tras la sigilosa noche,
la voz de jaraneros chiquillos lo inundan todo.
Vuelve a amanecer,
mañana de otoño.

AHORA TÚ

Ahora tú,
llegas como un relámpago,
con estrépito vocerío,
con asalto de sensaciones.
Ahora tú,
eres la tormenta en mi cabeza,
el torrente que arrastra todo,
el vendaval que balanceas sentimientos.
Ahora tú,
vuelves como fogonazo de estrella intrépida,
deslumbrando corazones,
lanzando deseos por doquier.
Ahora tú,
te contoneas en mi pensamiento,
como sensación de quien besa por primera vez,
en ruborizados sentimientos.

SERÁ

Será,
que hoy me has robado el sueño,
que te paseabas en mi cabeza,
qué te balanceabas como musa.
Será,
que hoy me has robado la mirada,
que se perdía tras tus ojos,
sin mover las pestañas.
Será,
que me pierden tus palabras,
que las confundo con el atardecer.
Será,
que quizás robasteis tiempo al minutero,
para que la noche fuera más larga.
Será,
que el tiempo sin ti,
lo has convertido en desierto,
para hacer de mis labios arena,
ardiente arena.
Será.

CONVERSIÓN

Te has convertido
en banales sueños,
en desesperados besos.
Te has convertido
en noches de insomnio,
en alféizar en corazón,
en atribulados amaneceres.
Te has convertido
en sentimiento apesadumbrado,
en sin vivir,
en horas en vela.
Te has convertido
en triste melancolía.

AMÉ, DESAMÉ

Amé,
prendido de tu sombra,
veneré,
cada uno de tus pasos,
adoré,
cada roce de tus dedos.
Desamé,
en momentos de disputas.
Perdí el afecto,
en guerra de celos.
Sentí aversión,
por sin sentido algunos días.
Amé,
perdidamente cada día,
veneré,
la sonrisa que deslizaban tus labios,
adoré,
cada uno de los susurros que Me dedicabas a escondidas.
Desamé,
el sin cordura de algunos días.
Perdí el afecto,
cuando la distancia nos perdía.
Sentí aversión,
cuando soñaba que te ibas.

DENTRO DE TI

No sabes que estoy dentro de ti,
mamá,
que puedo escucharte,
que me encanta que rías,
que intento tocarte.
No sabes que estoy dentro de ti,
mamá,
que nos une un cordón de vida,
que soy parte de ti,
que tengo vida.
No sabes que estoy dentro de ti,
mamá,
que te doy pataditas para que me sientas,
que muevo mis manos,
que intento girarme, para tocarte.
No sabes que estoy dentro de ti,
mamá,
que ya soy tu bebé,
que vivo en ti,
que quiero dormir en tus brazos, mama.
No sabes que estoy dentro de ti,
mamá no me quites la vida.

NAUFRAGANDO DE TU MANO

Te cogí de la mano,
y conseguiste detener el minutero,
conseguiste que el silencio hiciera eco.
Te cogí de la mano,
y florecieron tus labios,
con alegre sonrisa inundaste todo.
Te cogí de la mano,
y pusiste boca arriba el reloj de arena,
volviste mi corazón a la guerra.
Te cogí de la mano,
y perdí la mirada en el mar que son tus ojos.
naufragando de tu mano.

LA EQUIVOCACIÓN

Te equivocaste,
y te pusiste en brazos de otro,
entregando tus labios al primer postor.
Te equivocaste,
y me sentí como en nido ajeno,
sin brazos en los que pararme a abrazar.
Te equivocaste,
y silenciaste mi corazón,
a golpes de zalamera delante de mis ojos.
Te equivocaste,
y convertiste entrega y pasión,
en huracán de desconsuelo.
Te equivocaste.

ERES CAPAZ

Capaz,
eres de dar viraje a sentimientos,
de convertir en galerna sueños tranquilos.
Capaz,
eres de dar marcha atrás al tiempo,
de convertir palabras en poesía.
Capaz,
eres de volver cobistas cada mirada,
de volver tus labios incontenibles.
Capaz eres,
de pasar por alto cada poema,
capaz.

CONSEGUIR DE LA NADA

Conseguiste hacer el amor infinito,
de mi amor azotacalles.
Conseguiste tornar en sueños,
mis noches de vigilia.
Conseguiste arrancar sonrisas,
de labios afligidos.
Conseguiste que lo tenga todo,
cuando todo era ausencia.
Conseguiste secar las lágrimas,
en ojos compungidos.
Conseguiste la primavera,
en el desierto que a veces me habita.
Conseguiste darme todo,
de la nada.

ESPERANDO

Esperando
se estrechan las paredes,
el techo casi puede tocar suelo.
Se aleja la vida,
se acerca la muerte.
Lágrimas caen a plomo,
negro es todo,
se aleja el día,
se cierra la noche.
Traicionado por la vida,
por el cobarde miedo.
Te llevaste mi rostro,
mi pelo, mi recuerdo.
Mis pupilas se vuelven grises,
no me queda ni tacto.
me has dejado sólo.
Vida, sin ti,
esperando.

EL VIENTO SE LLEVO

El viento se llevó,
las tristes caras,
las lágrimas marcadas,
los ojos tristes.
El viento se llevó,
las tardes grises,
las sórdidas nubes de tormenta,
el leve aguacero.
El viento se llevó,
el adiós triste,
el beso de despedida,
el No por respuesta.
El viento se llevó,
el letargo a los sentimientos,
el soltarse la mano,
el no poder tocarse.
El viento se llevó,
el tiempo solitario,
las tardes de espera,
los besos sólo.
El viento se llevó,
todos los recuerdos,
para que la lluvia florezca nuevos amores,
nuevos besos,
amar de nuevo.

LA OBLIGACIÓN

No te obligo a que me quieras,
pero mi corazón será errante,
mi cuerpo en extraño deambular,
mis ojos cual mar desierto,
mi boca negrura sin el besar...
No te obligo a que me quieras,
pero mi corazón latirá desesperado,
mis dedos quedarán dormidos,
mi voz ronca sin tus palabras.
No te obligo a que me quieras,
pero te tocaré,
te besaré,
te buscaré,
aunque sólo sea viviendo en sueños.

GUADALQUIVIR

Eres espejo de Sevilla,
Guadalquivir,
que bañas Andalucía,
que con tranquilas aguas meces la Giralda.
Eres espejo de Sevilla,
Guadalquivir,
que te escondes bajo el abrazo de Triana.
Guadalquivir,
cuna de toreros,
a la sombra de la maestranza,
eres espejo de Sevilla.
Guadalquivir,
con cuna en Jaén,
te paseas por Córdoba,
abrazando la Giralda,
vienes a abrazarte al mar.
En Huelva, río en calma.
Guadalquivir,
anchas y tranquilas aguas.

TU LOCURA

Locura,
el dar abrazos a la soledad,
el intentar dar besos, y besar al aire,
el buscar tus huellas y dar con zarzas.
Locura,
el ahogarse en la espesura de las noches.
el buscar tus dedos, y tener que conformarse con la nada.
Locura,
de ilusiones vestir el verbo amar,
y de ilusiones calzar al verbo besar,
locura.
Locura,
es lo que me ronda,
es la que me acompaña,
tu locura.

PARA QUEDARTE

Llegaste para quedarte,
como la fría lluvia de abril,
para calarme en lo más adentro.
Llegaste para quedarte,
como la densa y blanquecina niebla,
para cegar mis ojos y dejar hablar al corazón.
Llegaste a para quedarte,
para ser ejercito de centuriones en mi pecho,
para ser huracán en noche despejada.
Llegaste a para quedarte,
para arrasar como el fuego los dulces sueños.
para ser marea en el mar que son mis ojos.

NOCHE

Cuando el sol tintilinea en lo alto de los tristes tejados,
arreciando las centenarias tejas del impasible campanario.
Cuando la vil oscuridad de la noche gana su batalla,
encandilando a los quejicas pajarillos.
Cuando arropándose de agrestes plumas,
se han acomodado nido ajeno.
Cuando pasan los días,
como ajeno a lo nuestro.
Cuando la oscuridad de la noche a veces oscurece el día,
cuando el corazón late a contracorriente.
Cuanto todo lo es nada,
cuando la nada lo inunda todo.

EN VELA

Por tus ojos,
noches en vela.
Por tu boca,
días pensando.
Por tus pasos,
pierdo la cordura,
Por tu respirar,
la vida.
Por tu almohada,
noches enteras.
Por ti,
la vida entera.

AMOR

Amor,
donde empiezan tus labios y acaban los míos.
Amor,
donde se pierde mi mano entrelazada a la tuya.
Amor,
donde se confunde mi piel con la tuya.
Amor,
donde se funden miradas compenetradas.
Amor,
entrelazadas piernas bajo las sabanas.
Amor,
donde el silencio se rompe a estallido de besos.
Amor,
donde la locura gana la batalla a la cordura.
Amor,
persiguiendo tus huellas por la arena.

TE NECESITO

Te necesito,
porque de recuerdos se fue muriendo corazón aventurero.
Te necesito,
porque los recuerdos, como palabras se los lleva el viento.
Te necesito,
porque se ciegan los besos,
y me enmudecen los versos.
Te necesito,
porque naufraga mi amor en velero,
velero que se lo lleva el viento.
Te necesito,
porque solo queda desolación,
en lo que antes habitaba la razón...
Te necesito,
porque antes éramos parte del mismo verso,
y ahora somos roto corazón.

INCAPAZ

Incapaz,
de no perderme por tu boca,
de no naufragar en tus ojos,
de no navegar en tus labios.
Incapaz,
de no soñar contigo,
de no intentar tocarte,
de no seguirte aunque sea con la mirada.
Incapaz,
de no volverse loco,
de abandonar la cordura,
de repetir una y mil veces te quiero.

UN SITIO

Hay un sitio,
donde el blanco de las casas se confunde con el azul cielo,
donde la alegre campiña juguetea con centenarias encinas.
Hay un sitio,
donde milenario castillo adorna paisajes joviales,
donde un majestuoso campanario pone música a un pueblo.
Hay un sitio,
con alegres plazas,
con pilares de cantarinas aguas,
con inertes minas de plomo en sus entrañas.
Hay un sitio,
con anchas calles,
con inmensa sierra regada de pinos y eucaliptos,
con verdes campos.
Hay un sitio,
fantástico sitio,
Azuaga.

UNA FLOR

Pondré una flor,
para hacer jardín de tus palabras,
para convertir en ramillete de rosas tu mirada.
Pondré una flor,
a cada sonrisa,
para convertir tu presencia en eterna primavera,
para de colores teñir tu pelo.
Pondré una flor,
a cada huella tuya,
para crear senderos de rojas amapolas,
para de fragancias inundarlo todo.

VUELVE

Vuelve el verde,
vuelve a vestir dehesas,
vuelve a colocar calcetines a las caprichosas encinas,
vuelve.
Vuelve el aterciopelado verde,
vuelve a arropar las impasibles laderas,
vuelve a dar brío a las tierras,
vuelve.
Vuelve el verde,
vuelve usurpador verde,
vuelve desahuciando el verano,
vuelve.

TÚ ERES

Pones magia,
luz a la lumbre,
del invernal corazón que a veces me cobija.
Recorres mis sueños,
me das la mano,
me sacas del precipicio,
de los sórdidos días.
Pones cerca el cielo,
luna en mis noches oscuras,
porque eres como el primer beso,
beso a escondidas.

TEMPUS FUGIT

Nada volverá,
ni los alardes,
ni las buenas palabras,
ni los besos no dados.
Nada volverá,
ni los griteríos de niños,
ni las altaneras fiestas juveniles.
Nada volverá,
ni los ratos de júbilo,
ni los ratos angostos.
Nada.

CUANDO

Cuando te roban el pelo de tu cabeza,
cuando pasas más horas en hospital que en tu casa,
cuando tu medio de transporte es una ambulancia,
cuando cuentas las horas enganchado a esa máquina,
cuando la única luna que llena tus noches son los focos de la habitación,
cuando cada día que pasa es un día menos,
cuando cada analítica es una nueva lotería para huir al bicho,
cuando cada día solo termina en -terapia...
Entonces saca una sonrisa y piensa que cada momento, cada se-
gundo... es el mejor momento de tu vida.

SERLO TODO

Quiero ser
luz temblorosa de vela,
minúsculo insecto,
estrella perdida en firmamento,
antes que no estar en tus labios.
Quiero ser,
estela de triste pájaro de hierro,
cresta en el mar,
olor de quejica tormenta,
antes que no ser tu recuerdo.
Quiero ser,
leve zumbido de alas,
sopor de noche de verano,
impasible chicharra melonera,
antes que no ocupar tu mirada.
Quiero ser,
para ti,
serlo todo.

BESOS QUE ME PIERDAN

Besos,
para beber de tus labios.
Besos,
para perderme en tu boca.
Besos,
para soñar de tu mano.
Besos,
para pasar los días.
Besos,
para vivir a tu lado.
Besos,
que paren el tiempo.
Besos,
que me pierdan en tu morada.
Besos,
que me pierdan.
Besos,
para morir a tu lado.

MEJOR SIN TI

Es mejor sin ti,
que vivir pendido de un hilo de amor,
que vivir como diana para dardos de desamor.
Es mejor sin ti,
que vivir en eternos suspiros,
que vivir al silencio de besos.
Es mejor sin ti,
que colgado en recuerdos,
que tener el corazón partido en dos.
Es mejor sin ti,
que ser apático al sentir,
que aguantar "desdulzura" de impasible corazón.
Es mejor sin ti,
que perder mi yo.

SIN TI

Vuelve,
regálame tus noches,
enséñame a soñar.
Vuelve,
llévame de tu mano,
enséñame a besar.
Vuelve,
se mi estrella toda la noche,
dame aire para respirar.
Vuelve,
quiero seguir tus huellas,
acariciarte para volar.
Vuelve,
que se para el tiempo,
que no se sin ti amar.
Vuelve.

DISTANCIA

Distancia,
es el camino entre tú y yo,
es lo que separan nuestros labios,
es latir al descompás.
Distancia,
es lo que separa nuestras almohadas,
es un te quiero sin respuesta,
es un beso rezagado al viento.
Distancia,
es el desatino al amar,
el desconcierto cuando te vas,
el desconsuelo en la infidelidad.
Distancia,
es el olvido,
vivir sin ti,
perderme en el silencio de besos que me das.
Distancia.

SOLO ME QUEDA

Sólo me queda
de aquel niño
tu voz, tus ojos.
Solo me queda
de aquellos cinco añitos
los recuerdos,
la lluvia de años,
el ocaso de los días,
robó la niñez.
Sólo me quedan
canas.
Las arrugas ganaron el lugar,
a juegos, y griterío de chiquillos.
Sólo me quedan,
recuerdos.
tras más de cincuenta años,
tras más de dieciocho mil lunas,
hoy vuelvo a verte.
Sólo me quedan,
aquellos ojos de niños,
porque mis manos ahora están arrugadas.
Una vida,
pero para la amistad,
no pasa el tiempo.

TE ANHELÉ

¿Dónde has estado todo este tiempo?
Te anhelé.
con sediento amor,
con arrogantes sueños,
con incansables noches en vela.
¿Dónde has estado todo este tiempo?
Temí,
que marchitaran tus rojos labios,
que secaran tus palabras acentuadas de te quiero.
¿Dónde has estado este tiempo?
Sin ti,
se vuelve la vida sombras,
el silencio me recorre ruidoso,
sin ti.

LA VIDA

La vida,
botella al mar,
botella naufraga algunos días,
botella en el vaivén de olas otros,
botella naufraga en playa calma, los menos.

La vida,
botella bailarina en noches de tormenta,
botella que se cree luna, en noches de luna llena,
botella naufraga que sube a lo más alto y cae en las noches de marea.

La vida,
botella en la mar movida,
mensaje en botella sin tapón.
La vida,
mensaje en botella al devenir de los días.

INCENDIO

Amor,
huracán prohibido,
tornado de sentimientos,
guerra de besos.
Amor,
cargado de suspiros,
prendido por mil miradas,
cargado de sonrisas.
Amor,
perdido en tus sábanas,
loco por tus labios,
enamorado de tu boca.
Amor,
incendio en corazón,
éxtasis en mi vida.
amor...

RIMA PERDIDA

Vuelve,
con un halo de ternura,
con derroche de caricias,
para navegar en bravas aguas,
para poder vivir en ti,
vuelve.
Vuelve,
al son de viejos poemas,
al olor de tinta y papel,
para no desechar amores,
para poder beber de ti,
vuelve.
Vuelve,
a la caída de arraigada tarde,
a compás de alegres olas,
para bailar sobre ti,
para poder bañarme de ti,
vuelve.
Vuelve,
que los días son eternos,
que muero sin saber de ti,
para parar el minutero,
para romper reloj de arena,
vuelve.
Vuelve,
que no hay poemas,
que la rima se pierde,
vuelve.

EN MÍ

Te busco,
en el rumor de las aguas,
el las noche gélidas,
en las miradas esquivas.
Te busco,
en las canciones,
en acordes locos,
en poesías "des-rimadas".
Te busco,
en cada anochecer,
en cada huella en la arena,
en cada fragancia perdida.
Te busco,
en mil palabras,
en cada libro leído,
a veces,
hasta en mí.

MI PRINCESA

Tú,
le das sentido a la vida,
le pones música a los días,
le das sonrisa a mi vida.
Tú,
luz de cada amanecer,
flor en mi jardín,
estrella de mis noches.
Tú,
cosquillas en mi interior,
sueños en mis noches,
caricias de mis dedos.
Tú,
y solamente tú,
mi princesa.
A África.

SEÑOR DEL HUMILLADERO

Ahora que tus ojos están cerrados,
que tus brazos en cruz descansan, suspendidos.
Ahora que tus rodillas afligidas caen dobladas,
que tu frente ha sido coronada de viles espinas.
Ahora que te han flagelado,
una y otra vez la espalda,
que han sesgado tu feble costado.
Ahora que te han burlado,
que te han maltratado.
Ahora que tus clavos te sostienen sin piedad,
que tus labios sedientos mantienes cerrados.
Ahora no quiero perderte,
ahora solo puedo decirte,
lo que eres...mi Cristo,
Señor del Humilladero,
Señor de Azuaga.

SI PUDIESE

Sí pudiese cambiar el mundo,
cambiaría cada flor,
cada árbol,
cada ave,
cada mañana,
cada puesta de sol.
Sí pudiese cambiar el mundo,
cambiaría ríos, lagos,
cada ola,
cada arco iris,
cada noche,
cada luna.
Sí pudiese cambiar el mundo,
cambiaría cada nota musical,
cada silencio,
cada tristeza,
cada descontento.
Sí pudiese cambiar el mundo,
lo cambiaría entero,
por hacerlo parecer a tu boca,
a color de tu mirada.

DEDÍCAME

Dedícame una sonrisa,
que mis labios te necesitan,
que mi boca estremece al Valls de tus palabras.
Dedícame una mirada,
que mis ojos ciegan sin tu mirada,
que mi rostro enmudece.
Dedícame una caricia,
que mis manos se vuelven ásperas,
que mi caricia se vuelve amarga.
Dedícame algo tuyo,
aunque sea silencio,
porque llegando de tu mano,
se convierte en te amo.

VUELVE A QUERERME

Vuelve a quererme,
con corazón guerrero,
con labios furtivos.
Vuelve a quererme,
con sin pereza,
con verbo amor.
Vuelve a quererme,
tras la tormenta,
naufragando en mi corazón.
Vuelve a quererme,
a la luz de mil lunas,
vuelve.

LEJOS TE VEO

A lo lejos,
en medio de los poblados sueños,
en la negrura de la espesa noche,
te busco a tientas.
A lo lejos,
sediento de labios carmín,
sediento de tu boca,
sediento de ti.
A lo lejos,
con frío tacto,
con desesperados te quiero,
con impasible corazón,
te veo.

TODO SE PUEDE

Cambiar el mundo,
cambiarlo todo,
mover estrellas,
dar luz a la noche.
Querría cambiar las guerras,
convertir fusiles en amapolas,
cambiar el odio por te quiero.
Querría cambiar sonrisas,
abrazos, besos.
cambiar tristezas.
Querría cambiar corazones,
florecer desiertos,
dar primaveras a tus angostos te quiero.
Querría cambiarlo todo,
todo.
Porque con amor todo se cambia,
con él todo se puede.

EXTRAÑO

Paso los días extraño,
sin saber cómo se llaman las cosas,
extraño en este cuerpo,
extraño de los demás.
Paso los días sin sentido,
sin hablar, sin escuchar,
sin saber mi edad,
buscando a los que ya se marcharon.
Paso los días escuchando,
escuchando los porqué de los míos,
los porqué no conozco ni a mis hijos.
Paso los días buscando,
buscando quien robó mi memoria,
quien hizo un borrón en mi vida,
quien me "des-hijo" de mis hijos, si fue lo mejor de mi vida.
Al sinsentido del Alzheimer.

EN LA CRUZ

Amarrado a la cruz,
con mirada serena,
en calma.
Con tus rodillas dobladas,
costado resquebrajado.
Tus labios,
silenciados.
Tu frente,
castigada,
con mil espinos,
coronada.
Cristo del Humilladero,
tus manos sujetan la cruz,
tu alma dormida.
Tus clavos,
mis clavos,
tus espinas,
las mías,
Señor de Azuaga.

NINGUNO

Ningún sueño que soñar,
ningunos labios a los que besar,
ninguna espalda que acariciar.
Ningún cabello que alborotar,
ninguna palabra que escuchar,
ningún te quiero donde amarrar.
Ninguna sonrisa para sonreír,
ninguna noche para naufragar,
ningunos ojos donde zarpar.
Ningún sol para ver salir,
ningún deseo para pedir,
ningún milagro al que recurrir.
Ninguno sin ti.

MÁGICO

Eres algo mágico,
porque llenas los días de color,
porque pones sonrisas a los días grises,
porque tenemos en común una princesa.
Eres algo mágico,
porque la princesa ha sacado tu cara,
porque te veo en ella.
Eres algo mágico,
porque con tus labios apagas hogueras,
porque de tu mano se para la tierra.
A P.M.V.

POR SOÑARTE

Cambiaría todo,
por tus ojos,
por tus labios,
por tus palabras,
por tu sonrisa,
por tu boca,
por tus manos,
por tu caminar,
por tu forma de hablar,
por tu silencio,
por tu respirar,
por tu calor.
Cambiaría todo,
por mirarte,
por tocarte,
por verte,
por besarte,
por sentirte,
por tenerte
incluso por soñarte.

TU CORAZÓN HELADO

Mi corazón,
en lucha constante,
el tuyo impasible.
Mi corazón,
guerrero invencible,
el tuyo apaciguado.
Mi corazón,
luchando con espada de madera,
el tuyo a cañonazos me espanta.
Mi corazón,
cortés y valiente,
el tuyo altanero y cobarde.
Mi corazón,
en tu búsqueda constante,
el tuyo se esconde.
Mi corazón,
se pierde por ti,
el tuyo helado desaparece.

PAPÁ

No hay nada más bello,
que el roce de sus manos,
que sus sonrisas en cada despertar,
que el roce de sus labios.
No hay nada más bello,
que peinar su pelo,
que escuchar sus te quiero,
que llevarla de la mano.
No hay nada más bello,
que contarle cuentos cada noche,
que escucharle hablar sin descanso,
que jugar a su lado.
No hay nada más bello,
que dormir a su lado,
que haberla visto dar sus primeros pasos,
que cogerla en brazos.
No hay nada más bello,
que escuchar "papá" en sus labios.

EL BESO

El beso,
ese abismo que une vidas,
ese de carta de despedida,
ese de cuánto tiempo sin vernos,
ese de que alegría de verte.
El beso,
ese a escondidas,
ese traicionero que entrego una vida,
ese adolescente,
ese de dos ancianos.
El beso,
ese que coge de la mano al sí quiero,
el de feliz cumpleaños,
el de lo siento,
el que perdona.
El beso,
ese que te lazan desde lejos,
el de una madre,
el de las amigas,
el solitario.
El beso,
a veces sólo,
a veces lleva compañía.
Pero ningún beso,
como el de te amo vida mía.

EL ABUELO

La cara vencida de arrugas,
tostada piel por el sol maltratada.
Sus ojos aún vivos,
ojos azules, ojos cielo.
Sus manos,
sesgadas de recuerdos,
fruto de un millar de jornadas de "zacho".
Su espalda curva,
del pesar de los años.
ahora pasa los días recostado,
al bastón de roble trabajado.
Atrás días de fatiga,
de sol, de trabajo.
Hoy guarda sonrisas en su silla,
que con orgullo a sus nietos regala.
Regala sonrisas y batallas,
y explica a sus nietos que a su abuela también amaba.
Así pasa los días,
el abuelo...a su bastón recostado.

SUEÑOS

Sueños,
que como nana llevan a la noche,
que matan las horas,
que vagan en secreto,
que ponen a prueba los recuerdos.
Sueños,
que te hacen príncipe,
que te suben alto,
que de azul pinta la noche,
que levantan castillos en el aire.
Sueños,
que te llevan a los infiernos,
que te empujan a precipicios,
que te hacen naufragar en noches de tormenta.
Sueños,
al abrigo de unos brazos,
al calor de unos labios,
sueños.

QUIERO

Quiero,
llenarte de recuerdos,
coser a besos tu almohada.
Quiero,
ocupar tu mente,
vivir en tu mirada.
Quiero,
ocupar tu silencio,
calmar la sed de besos.
Quiero,
que seas amanecer,
por las noches mi luna.
Quiero,
tú te quiero por buenos días,
y tus labios como llave de mis sueños.

SINO FUERA POR TI

Sí no fuera por ti,
sobrarían horas a mi día,
le sobrarían hojas al calendario,
faltaría el aire al verbo respirar.
Si no fuera por ti,
no existiría el verbo amar,
al besar se le irían los labios,
al querer se le fugaría la sinrazón.
Sí no fuera por ti,
la noche carecería de estrella,
al amanecer se le escondería el sol.
Sí no fuera por ti,
los poemas perderían los versos,
la rima se tornaría en lágrimas.
Sí no fuera por ti,
la cordura se perdería.

MI MUNDO

El mundo es para mí:
lo que tu pisas,
el aire que tu respiras,
el arte que tú le das al caminar,
la forma de tu besar,
tu tacto dulce,
tu beso de buenas noches,
tú te quiero al despertar,
tu mano en los paseos,
tus miradas cautivas,
tu voz en la oscuridad,
tu cara en mi retina,
tu fragancia en mi almohada.
Tú,
Mi mundo eres tú.

SER MIRADA

Quiero uno de tus besos,
quiero sentir esos labios,
quiero soñarte.
Quiero ser luna llena,
quiero ser luz al alba,
para alumbrarte.
Quiero ser arena,
para ser tu huella,
para sentir tu tacto descalzo.
Quiero ser mirada,
cielo azul,
verde pradera.
para estar en tus ojos,
incansables.
Quiero ser oscuridad,
negra noche,
para posarme en ti,
sin que me sientas.

ENVIDIA

Envidia,
de tus pasos,
de tu mirada,
de tu hablar.
Envidia,
de tu dulzura,
de tus ojos,
de tus huellas al caminar.
Envidia,
de tu cordura,
de tu sonreír,
de tu soñar.
Envidia,
de tu respirar,
de ser tu almohada,
de tus labios.
Envidia, siento envidia.

EL ADIÓS

Quise colmarte de besos,
pero tu corazón impasible caminó de largo.
Quise verter mis caricias en tu espalda,
pero volviste mis manos ásperas.
Quise saborear tus labios,
pero los volviste amargos.
Quise subirte al cielo,
pero te aferraste fiera a la tierra.
Quise bombardearte con te quiero,
pero cubriste tu corazón con negada coraza.
Quise llevarte de la mano,
pero la usaste para decirme adiós, sin compasión.

FEBLE BARCO

Guárdame,
un te quiero,
tu sonrisa en un frasco de cristal, imperecedera.
Guárdame,
tus palabras de amar,
tus besos a escondidas, bajo mis sábanas.
Guárdame,
tus labios rojos,
el carmín en mi camisa,
tu perfume en mis dedos.
Guárdame,
tú danza al caminar,
tu mirada serena,
el mar de tus ojos.
Guárdame,
una dársena en tu corazón,
para mi feble barco de papel.

SEVILLANAS AL CRISTO

A ti no puedo mentir,
Cristo del Humilladero,
a ti no se mentir,
que cada Jueves Santo,
a tus pies me pongo al salir.
Con esa serena cara,
rezó cada día a ti,
le pido a los cielos
por lo que ya no están aquí.
Quiero que mi espalda,
sea tu espalda.
Cada espina de tu frente,
se me clave a mí.
Que tus rodillas dobladas,
descansen por mí.
Cristo del Humilladero,
a ti no se mentir.
que cada Jueves Santo,
a tus pies me pongo al salir.
Soportas con cada clavo
a tu pueblo.
Con tus brazos en cruz
aguantas el peso de Azuaga.
Eres señor de este pueblo
Cristo del Humilladero,
por ti todo merece vivir.
Cristo del Humilladero
a ti no se mentir
que cada Jueves Santo,
a tus pies me pongo al salir.

AMORES QUINCEAÑEROS

Besos,
a la luz de la luna,
al cobijo de las estrellas,
al rumor de tus labios.
Besos,
que alzan el alma,
que marcan,
que te llevan en volandas.
Besos,
con labios fieros,
con locura transitoria,
con labios guerreros.
Besos,
cargados de sentimiento,
cargados de música,
cargados con desenfreno.
Besos,
que con danza de labios vuelves loco,
que reverberan amores quinceañeros.

SUEÑOS ROTOS EN EL ESTRECHO

Brillo especial en sus ojos,
reflejo de un mar que separa.
Ojos negros,
que das nana a sueños,
que sostienes castillos en el aire,
allá en los lejos,
otra tierra, otra vida.
Sueños por los que arriesgar la vida.
Una noche pusiste tus pies a la mar,
al amparo de la luna consejera.
Pero el silencio se rompe,
al frenar la barca,
al cobijo de una valla,
valla que vuelve sueños pesadillas,
que desvelas la soñadora mirada...en la barca neumática transportada.

TE VI

Te vi,
en las viejas canciones,
en las lagunas azules de algunos ojos,
en las atrevidas olas de aquella noche bajo la luna.
Te vi,
en las arraigadas sonrisas de los niños,
en cada caída de sol,
a veces, en cada tormenta.
Te vi,
en las acogedoras estrellas,
en el sabor de tus tartesios besos, añorados,
en cada luna llena.
Te vi,
en cada feble poema,
en cada libro añorado,
en cada atardecer,
en todo.
Te vi...
a tu recuerdo recostado.

RECUÉRDAME

Recuérdame,
cuando los labios callen
te quiero.
Cuando los ojos pierdan su brillo,
cuando mis dedos no sepan tocarte.
Recuérdame,
cuando no ocupes mis sueños,
cuando mis labios no guarden tu recuerdo,
cuando al cerrar mis ojos no alcance a tocarte.
Recuérdame,
cuando se silencien mis palabras,
cuando se borren tus huellas en la playa que es mi cama.
Recuérdame,
cuando no haya respuesta,
cuando el cabal te quiero me abandone.
Recuérdame.

DÁMELO TODO

Dame, un te quiero,
a los días roncos,
a las noches eternas.
Dame, una sonrisa,
a los días grises,
al áspero no te quiero.
Dame, un sí,
al me amas,
al me quieres...
Dame, un aquí estoy yo,
a los días difíciles,
a los silencios largos.
Dame, una mano tierna,
a los días solos,
a las horas vagas.
Dame, corazón tierno,
al te quiero descontrolado.

QUERER SIN DESCANSO

Querer,
siendo uno mismo,
con amor consejero.
Querer,
al abrigo de mil lunas,
al despertar abrazados.
Querer,
como se quiere uno mismo,
con amor infinito.
Querer,
como lumbre de invierno,
con amor quinceañero.
Querer,
sin pausa,
con furtivos besos.
Querer,
con labios aventureros,
a mis brazos turbados.
Querer,
como se quiere por primera vez...sin descanso.

EFÍMERO

Efímeras son tus palabras,
efímeros tus besos,
efímeros tus amigos.
Efímeros tus te quiero,
efímeras tus caricias,
efímera tu mirada.
Efímera la vida,
efímero por ti,
efímero lo es todo,
sin ti.
Efímeros tus dedos,
efímeros los sueños,
efímeros labios,
que un día se perdieron,
por besarte.

SOY

Soy beso en labios errantes,
soy pies descalzos,
soy tiempo en reloj de arena,
soy labios por enamorar.
Soy caracola en fondo de mar,
soy barco en alta mar,
soy novio en celo,
soy verbo amar.
Soy abandono al amar,
soy sueño al despertar,
soy trinchera para desesperar,
soy luna en noche eterna.
Soy oasis donde beber,
soy desierto al despertar,
soy ojos con los que enamorar,
soy labios para besar.
Soy amanecer para despertar,
soy te quiero para soñar,
soy labios, para besar.

EMIGRANTE

Emigrante,
que no emigras sino vuelves a casa.
Emigrante,
que en tu mirada no borras tu pasado.
Emigrante,
qué sueñas con lo tuyo.
Emigrante,
hoy pisas el suelo donde jugaste de pequeño.
Emigrante,
en tu maleta sólo vagan recuerdos.
Emigrante,
que hoy ves la vieja ermita en lo alto de tu castillo.
Emigrante,
que hoy la torre de la parroquia te da la bienvenida.
Emigrante,
que hoy las blancas casas de tu pueblo llenan de lágrimas tus ojos.
Emigrante,
que no olvidas tu pueblo.

NUNCA

Nunca seré cometa,
pero moriré intentando surcar tu cielo.
Nunca podré volar,
pero me tirare en picado a tu corazón.
Nunca seré alma,
pero me perderé siendo pensamiento en tu cabeza.
Nunca seré beso,
pero mojare tus labios a puñados de los míos.
Nunca seré sueño,
pero me esforzare en ser tu almohada cada noche.
Nunca seré un verso,
pero adornare con mi te quiero tus palabras.
Nunca llegare a ser tu boca,
pero de mis ojos nacerán las mejores palabras.
Nunca perderé tu sonrisa,
nunca.

LABIOS DONDE NAUFRAGAR

Nada,
como el amor de niño,
como un rojo atardecer,
como un beso por primera vez,
como unas sábanas arrugadas tras el frenesí.
Nada,
como el abrigo de unos labios,
como un cogidos de la mano al anochecer,
como un te quiero quinceañero.
Nada,
como un rojo carmesí,
como arco iris tras la tormenta,
como tener tus labios para naufragar.

NO ERES NADA

No eres consejera,
no buena amiga.
no eres bien recibida,
no eres más aunque que llegues callada.
No eres ni el más mínimo momento sagaz,
no eres buena compañera de viaje,
por muy astuta que parezcas.
No eres por más que pases a mi lado una eternidad.
agradable ni siquiera.
Eres oscuridad, por más que intentes reír a carcajadas,
eres para convertirnos en nada,
para siempre.

PALESTINA

Hoy solo quedan lágrimas,
el rugir de lanzagranadas lo ocupan todo.
Hoy solo quedan lágrimas,
el cielo centellea de dolor,
la tierra árida y triste.
Hoy solo quedan lágrimas,
el amargo tambor de las ametralladoras,
el olor ocre a pólvora lo inunda todo.
Hoy solo quedan lágrimas,
los niños juegan entre escombros,
intentando entender la mente sucia y asesina de sus líderes.
Hoy el rojo es el único color que siembran en su mirada,
la mirada rota por lágrimas,
en el sinsentido de la guerra.
Por los niños palestinos.

PUEDE UN BESO

Puede un beso
cambiar mis labios,
tornar mis sentimientos,
colmar mi corazón.
Puede un beso,
dirigir una vida,
convertir una mirada,
dar brillo a sonrisa angostada.
Puede un beso,
convertirse en naufrago mensaje,
en palpitar inmenso.
Puede un beso,
recordarse por siempre,
ser beso fugitivo,
o incluso beso mendigo.
Puede un beso,
cambiar mi mundo,
cambiarlo con el tuyo.

TE EXTRAÑO EN TODO

Porque te extraño,
un halo de ti lo ocupa todo,
porque tu falta presencia se hace eterna.
Porque te extraño,
y todo se viste de ti,
porque no existe otra palabra que tú en mi mente.
Porque te extraño,
y tu áurea aún me sigue,
en cada mirada,
en cada mañana.
Porque te extraño,
y tu eco aún me resuena,
en mis adentros.

SOLEDAD

Soledad,
que sola me acompañas,
que me agitas.
Soledad,
que me llenas todo,
que le das luz oscura a días.
Soledad,
que me amparas,
que solo me ves sola.
Soledad,
que vistes mis horas,
al sonido sordo de los días.
Soledad,
que me pierdes,
que me llevas en volandas.
Soledad,
que gustas de verme en tu compañía,
que juegas sola.
Soledad.

CORAZÓN INMÓVIL

Se para el corazón,
con los días grises,
con el letargo de no querer,
con la quimera del verbo desamar.
Se para el corazón,
un catorce de febrero triste,
un aniversario con espinos trenzados, por regalo.
Se para el corazón,
con una hoguera apagada con lamentos,
con unos labios sedientos de besos.
Se para el corazón,
con un no a un me quieres,
con un cerrar los ojos y no soñar queriendo.

UN TE QUIERO

Dame un te quiero,
a la luz de templada luna,
al gorgojo de olas,
en el sonreír te la arena calma.
Dame un te quiero,
a la luz de candiles por estrellas,
al suspiro de la brisa marinera.
Dame un te quiero,
a los roncos días de inviernos,
al vaporoso devenir sin besos.
Dame un te quiero,
con el arte que le das,
a los días errantes y eternos.

TOCARTE

Erraría por tus ojos,
eclipsaría un atardecer por tu boca,
pondría un tifón en una tarde de verano, por tus labios.
Mentiría a mis sueños por tocarte.
Agostaría un enero por tus dedos.
Secaría mares para humedecer tus labios.
Robaría constelaciones enteras.
Surcaría océanos en feble mimbre, para buscarte.
Mandaría mi vida en náufraga botella, al capricho de mil tormentas,
sólo con tocarte.

CUÉNTAME

Cuéntame,
lo inhóspito que son los amaneceres,
sin mi compañía.
Cuéntame,
como pasar los días,
sin tu rebeldía.
Cuéntame,
que se apagan las estrellas,
a la luz de tu sonrisa.
Cuéntame,
como doy compañía a mi boca,
sin tus labios a mediodía.
Cuéntame,
Como tocar tus dedos,
como...
Cuéntame.

SI PUDIERA

Sí pudiera besar,
besaría locamente.
Sí pudiera tocar,
rozaría cada parte de ti.
Sí pudiera soñar,
lo haría a tu lado.
Sí pudiera amar,
quisiera hacerlo perdidamente.
Sí pudiera callar,
cedería mis labios a tus palabras.
Sí pudiera sentir,
quisiera sentirte en mí.
Sí pudiera ser todo,
quisiera serlo para ti.

SILENCIO

Se callaron sus labios,
ahora todo torna oscuridad,
sus ojos ahora cerrados descansan.
Se callaron sus labios,
sus historias tocaron final,
sus manos descansaron de trabajar.
Se callaron sus labios,
sus pies yacen tranquilos,
sus manos cesaron.
Se callaron sus labios,
se acabaron sus sueños.

PONLE UN BESO

Ponle un beso,
a los días angostos,
a las lunas menguantes,
a la sonrisa rota,
ponle un beso.
Al gris de los días,
a la modorra del des-enamoramiento,
a las noches en vela,
ponle un beso.
A la tristeza que te pesa,
a la compañía de la soledad,
a un amargo adiós,
ponle un beso.
Al sórdido no te quiero,
al vagante conformismo,
ponle un beso.

ARTE

El arte que le das,
con contoneo de versos
por palabras.
Con música de tus labios,
dando rimas al te quiero.
El arte que le das,
al completo, al verbo amar.
Dibujando besos a los días,
con el pincel febril de tus labios.
El arte que le das,
al romance de tus suspiros,
a la danza que me causas.
con cada mirada.

A VECES

A veces,
la tristeza inunda,
encharca todo,
ahoga las sonrisas,
empapa de gris los días.
A veces,
el Valls se vuelve redoble,
la melodía en quejidos,
los colores tornan grises,
el silencio lo toma todo.
A veces,
la modorra toda lo puede,
ensordece,
adormece.
A veces,
te falta una sonrisa,
te agarran de los pies hacia el suelo,
en gravedad infinita.
A veces,
el mundo se para,
todo se detiene,
acompañado,
de soledad sobrado.

AMAR

Amar,
con los siete sentidos,
con corazón guerrero,
con besos por coraza.
Amar,
con labios sedientos,
con el alma entre los dedos,
con te quiero por abrazos.
Amar,
con saltimbanquis abrazos,
con susurros a media noche,
con la luna por testigo.
Amar,
perdido en mil noches,
al abrigo de mil lunas,
en labios callados,
en tus labios perdidos.

LLUEVE

Llueve,
el crepitar de las sórdidas gotas de agua,
la danza de miles de ellas.
Llueve,
el cielo se arropa de gris,
el sol avergonzado abandona el cielo.
Llueve,
robando a julio el sopor del verano,
volviendo locos a los pajaritos desorbitados.
Llueve,
al cortejo de los amarillos cereales,
octogésimos ya de la cosecha.
Llueve,
llenando más de brillos a los inagotables girasoles,
esperando su sol impacientes.

LABIOS

Labios,
apiadaros de mí,
surcad mis labios,
dad marea a mi boca.
Labios,
susurrarme,
pronunciarme,
dad de beber a mi boca.
Labios,
recorredme,
con mesura,
a la luz de una tea.
Labios,
despertadme,
consoladme,
al abrigo de mil lunas.
Labios,
abrazaros a mi boca,
al silencio que me dais,
en besar exasperado.

ABUELOS

Arraigadas arrugas,
testigos del paso de los días.
Ásperas manos,
testigos del duro trabajar,
piel tostada,
de horas eternas al efímero sol.
Ojos brillantes,
carta de navegación de la turbulencia de la vida.
Brazos que han acunado,
hijos, nietos y bisnietos...
Labios mudos,
a algún lamento,
a alguna queja.
Dorado pelo,
testigos del vivir intenso.
Abuelos.

PERMÍTEME

Permíteme otros ojos,
ojos azules,
ojos profundos,
para no dejar de mirarte.
Permíteme otros ojos,
ojos infinitos,
ojos inquisidores,
para no perderte.
Permíteme otros ojos,
ojos cautivos,
ojos arrogantes,
para cautivarte.
Permíteme tus ojos,
para meterme en ti,
para ser para siempre,
tú mirada.

CON LOCURA

Quiero que el minutero se detenga,
que pudiera arrastrar sus agujas,
con mis dedos.
Quiero que no se apaguen estrellas,
que las estrellas fugaces
recorran el cielo una y otra vez.
Quiero que no se detengan vidas,
como frenada en seco.
Quiero que nunca falté un te quiero,
en labios de desenamorado.
que el arco iris de la vuelta a la tierra.
Quiero que se pueda surcar ríos,
perderse por los alegres pinos cada tarde.
Quiero que no falten sonrisas,
en cara de niños entusiasmados.
Quiero que se desdibujen arrugas en las frentes castigadas por el
pasar del tiempo.
Quiero que nunca se borre el azul sobre los cansados ojos de los abuelos.
Que no se pierda el griterío y el jugar de niños en las plazas.
Quiero que el mar azote playas.
Quiero con amor marinero,
con locura.

CINCO ANGELES

¿Se pueden desgarrar infancias?
¿Se puede frenar en seco vidas?
Esta tarde la puesta de sol,
ha sido para siempre.
A la luna han debido de arrastrarla de los brazos a tirones.
Hoy las estrellas tristes,
lloran en el cielo.
Esta noche es más silenciosa,
cinco vidas enmudecieron,
pero enmudecieron para ser ángeles.
Hoy cinco estrellas brillan en nuestro cielo.
Cinco estrellas que con destellos juveniles, acarician encinas de suelos
extremeños.
Por y para los niños del accidente de Monterrubio de la Serena.

TRÁEME

Tráeme,
flores al amanecer,
agua fresca de mar.
Tráeme frío rocío,
hinojo, blanco jazmín.
Tráeme,
nube, trueno en la tormenta,
alegre arco iris,
poema, canción,
rosas rojas para mí.
Tráeme,
besos, caricias,
sonrisas para mí.
Recuerdos, te quiero,
hechos para ti.

A TI

A ti,
que vistes de estrellas esta noche,
que de sonrisas vistes el amanecer.
A ti,
que das sentido a la poesía,
que pones rima a mis días.
A ti,
que eres soñar,
eres alegría.
A ti,
que tiñes de azul la primavera,
que salpicas de colores el jardín de la vida.
A ti,
que conviertes desierto en mar,
que con besos das buenos días.
A ti,
que lo eres todo.

MIENTRAS

Mientras tus labios y los míos sellen con tesón el sonido de un beso,
mientras tus manos desnudas acaricien mi espalda,
mientras me vistas con alegres miradas.
Mientras me invadas con incansable te quiero.
Mientras el dormir sea fundirme a tu lado.
Mientras despierte amando.
Mientras,seré cada letra de un te quiero para tus labios.

DEL INVIERNO PRIMAVERA

Cuando amor te siento,
se respira azul cielo,
se siente calor inmenso.
Cuando amor te siento,
eres estrella,
eres mi firmamento.
Cuando amor te siento,
conviertes tu boca en cueva de deseos,
conviertes lo que tocas en universo.
Cuando amor te siento,
conviertes del invierno primavera.

SEGUNDA PRIMAVERA

Prefiero ser estío,
qué segunda primavera
para tu boca.
Prefiero ser oscura noche,
que falsa radiante tarde a tu lado.
Prefiero ser fría lágrima,
que sonrisa insatisfecha en tu cara.
Prefiero ser viento frío de invierno,
que tórrido y fatuo te quiero de tus labios.
Prefiero ser corazón solitario,
que amor al que el polvo poco a poco va ganando.
Prefiero un adiós a tiempo,
que vivir entre desilusión en tus manos.

VIL AVERNO

Busco el dulce de tus besos,
que el amargo de un adiós me dejó.
Busco la luz de tus ojos,
en lo oscuro de nuestra separación.
Busco el sonido del silencio,
al amparo de los te quiero que ya no das.
Busco el calor de tus dedos,
en esta soledad fría que me llena.
Busco amor para mi corazón,
que hoy cambió todo a vil averno.

DÉJAME SER BESO

Déjame ser beso,
para acabar en tus labios.
Ser sonrisa,
para partirme en tu boca.
Ser alma,
para desde dentro de ti sentirte.
Déjame ser caricia,
para sagaz perderme en tu espalda.
Ser mirada,
para sentirme en tus ardientes pupilas.
Ser lágrima para bañar tu cara.
Déjame ser tu almohada,
para ser tu morada.
Déjame ser para ti,
el resto de los días.

PERDIMOS

Perdimos el amor,
los momentos a solas,
los te quiero sin prisa,
hoy todo pasó.
Perdimos las sonrisas,
los yo más, se convirtieron en no quiero verte,
hoy todo pasó.
Perdimos el besar de labios,
las caricias sinceras,
los deseos juntos,
ya todo es marchito,
hoy todo pasó.
Perdimos el calor de los abrazos,
la borrachera de sonrisas,
las miradas perdidas.
Ahora todo es aire.
todo pasó.

QUIERO TU PERFUME

Quiero tu perfume que lo baña todo,
que da esa bruma que me eleva,
que me lanza y me amarra.
Quiero tu perfume que de sueños me embriaga,
que me seduce,
que me mata.
Quiero tus labios que me devuelvan el ayer,
labios rojos,
loco besar.
Quiero tus ojos, dulce veneno,
alegre mirar,
ojos para soñar.

POR PARÍS

Soñé con libertad,
con fraternidad,
con igualdad.
Soñé con ciudades sin fronteras,
sin colores.
Soñé con un mundo sin odio,
donde la religión era una forma de vida,
una forma de hacer felices a los demás.
Soñé con un mundo donde daba igual chilaba, clériman, torán o Corán.
Soñé con el fin del terrorismo.

Por París.

TÚ, MIS OJOS

Tú, mis ojos,
que con tu sonrisa juegas con las estrellas,
que tienes labios dulces,
como la dulce melaza.
Tú,
que me embriagas,
de amor,
de cariño.
Tú,
que cada día creces más,
que contigo conocí el paraíso.
tú y todo para ti.

AMOR PERECEDERO

No eres rosa,
cuando llega la noche,
en mi jardín pérdida.
No eres luna,
cuando arrecia los sueños,
en el azul funesto de mi cielo.
No eres perfume,
quizás cantueso malva,
que por naturaleza naces enfrentada.
Eres la flor que perdí,
en ese enfrentamiento de amor como hierba lamiacea,
Amor perecedero.

CAMINO SÓLO

Luces tristes,
triste ciprés,
Camino sólo,
sólo me quedé.
Una triste maleta,
un vagón de tren,
luz triste de hotel,
hotel que espanta el soñar.
Vuelve, hazme soñar,
quiero sentir tu murmullo,
vuelve.
Hazme soñar.

ERES BESO

Eres beso.
Eres vida.
Eres sueño.
Eres música.
Eres risa.
Eres cielo.
Eres verso.
Eres rima.
Eres primavera.
Eres silencio.
Eres algarabía.
Eres palabra.
Eres nudo en mi garganta.
Eres todo para mí.

ÁFRICA

Y miré sus ojos,
la magia lo envolvía todo,
son ojos que dan luz a todo,
que alegran los días grises,
que te sacan una sonrisa de la nada,
sus ojos, un mar de ternura.
Y miré sus ojos,
y se paró el minutero,
y mi corazón ya solo tenía una razón para latir,
esos ojos que no me canso de querer,
sus ojos.

A la dueña de mis ojos, África.

LLEGÓ EL OTOÑO

Llegó el otoño a tu corazón,
y con ocres desengaños me dejaste de lado,
como rubias hojas que alcanzan el suelo, perdiste el amor.
Llegó el otoño,
y tras el fulgor del amor de verano,
desnudaste mi corazón en un no te quiero.
Ahora entre nuestros labios solo queda espacio sin tiempo, sin sombra.
Llegó el otoño,
y apagó la magia.

I

Y cerró su boca, y un estruendo de sentimientos me arrastró desde los adentros, un tornado de sentimientos ataba mi corazón, mi alma. Era como si un huracán de color carmesí arremolinara mi boca en un deseo inconmensurable por besar sus labios. Un deseo de los que se tienen en sueños, un deseo fuera de este mundo. Era un deseo de ti.

II

Era un deseo desmesurado.
Con tan solo asomarme en tu mirada provocaba el deseo más íntimo.
Era una guerra interna, entre el deseo y la pasión.
Cada vez que cerraba los ojos, me inundaba el deseo de embriagarme de tu mirada, de tus labios, de perderme en la tormenta, en el tornado de nubes bermellón que tus labios me regalaban.

III

Me embriagaba del mar de tu mirada. Tu perfume como el cantueso lo inundaba todo. Era como tapiz de mil aromas a tu paso.
Sin tus palabras, sin tus susurros dulces, el silencio se hacía más inaguantable, todavía hacía eco en mí, aquella tarde , cuando me vencían tus brazos, aquella tarde donde el cantueso y la jara envidiaban el rozar de tu espalda, aquella tarde en que oteábamos el horizonte amándonos como si fuera el fin de los días...aquella tarde.

IV

Desde aquella tarde, hasta el azul del cielo parece ser más celeste, el rumor del viento al cruzar las imperecederas hojas del sauce de mi puerta, adornan con música mis mañanas...Desde aquella tarde, solo tengo una razón para existir, tú.

V

Tú, te has vuelto como un remordimiento, como una reminiscencia, un deseo a temporal.
Desde que estás tú, en mi cabeza no pasan las horas, despierto contigo..., todo sabe a ti.
Todo se viste de tu nombre, de tu rostro, todo me suena a ti.

VI

Hoy, todo lo que hago es quererte. Hoy, pierdo el tiempo lejos de ti. Hoy me sobran horas, me faltan lágrimas. Todo empieza y acaba con tu nombre, con tu ausencia, con el perderte, con el estar sin ti.

VII

Sin embargo, hoy me levanté pensando que te amé desesperadamente, como si una necesidad me hubiera arrastrado. Hoy me gustaría desamar lo amado, amar sin costumbre, borrando las desilusiones.
Hoy quisiera amar para ti.

VIII

Hoy desperté a media noche, sobresaltado té busqué, pero el vacío impaciente me daba su fría compañía. Esta noche, tu perfume aún me envenena de pasión.
Hoy me doy cuenta que cualquiera puede volverse loco por ti.

IX

Pasaron ya 365 noches sin ti, y me quedan aún 365.000 formas de amarte, de desearte.
Me queda la potencia enésima de esas veces por soñarte.

X

Hoy levanté con la soledad que vive pegada a mí. Soledad, larga e imperecedera que se apodera de mí. Soledad y silencio. Silencio impregnada de lamentos.
Hoy me levanté perdido en lágrimas, lágrimas que solo me hacen navegar en el recuerdo de ti.

XI

Le has robado al reloj el minutero, te has apoderado de las horas, minutos y segundos.
Convertiste todo en espera..., la espera más larga.
Hoy todo es echarte de menos.

XII

Daría mi vida por tenerte cerca, la daría por verte de nuevo un momento.
Daría mi vida, por sentirte, por oírte.
Sin ti llevo unos días vacío, sólo...Solo te pido que me ayudes a soñar, a soñar sin ti.

XIII

Las gotas de agua recorren incansables los cristales de la ventana de mi habitación. Son como danzarinas lágrimas que recorren la ventana abajo. Ventana desde la que las rojas rosas nos vestían nuestras primaveras .Aquellas primaveras, las que pasaba de tu mano. Manos que me evocaban deseos, sueños.

XIV

¿Por qué escucho tu voz me doy la vuelta y te has ido?
Todo me suena a ti...miro álbum de los alegres momentos, sonrisas empaquetadas en un sordo álbum de fotos.
Todo me sabe a ti, el olor aún impregnado en tu armario, tu lado de la almohada, incluso mis ojos aún brillan con tu recuerdo. Todo.

XV

Hoy me desperté sin ti, sé que no volverás jamás, sé que jamás podré olvidar...
Hoy vivo en un mar de lágrimas, un mar de nada. Ahora abrazo tu foto, casi te llego a sentir.
Pero no puedo dejar de sentir, lo amado, amado está, y no te puedo borrar.

XVI

Borrar la emboscada que tu boca da a mi cabeza, borrar la tormenta
que significa tu mirada, borrar de mi alma tus pupilas...no te puedo
borrar.
Nubarrones en mi vida, noches en duerme vela, tú no estás.
Ahora miro el reloj, suenan las campanas, me engaño, y pienso que
volverás.

XVII

Hoy solo me quedan recuerdos, viejas fotos con sonrisas inertes,
fotos ya sin brillo por el paso del tiempo.
Hoy me gustaría errar contigo, pero te llevo el viento, las risas y te
quiero se fueron contigo.
Hoy solo espera, esperando espero. Espero que los sueños me bo-
rren los sueños añil.

XVIII

Solo sueño en que si te tuviera algún día aunque fuera un momento,
sería un día perfecto.
Tener tu mirada, tu boca, tus dedos, tu sonrisa.
Aún no soy capaz de imaginarme sin tu amor, te llevo siempre en mi pen-
sar, y mis recuerdos siempre empiezan por el verbo amar, amar por ti.
Solo sueño, en tenerte aunque sea un momento, pero acabo soñando
solo.

XIX

No caben besos en mis versos para rodear tu nombre, no caben sueños en mi almohada para soñarte, no cabe te quiero en recordarte. Será porque me enseñaste a vivir en soledad, porque el deseo de tus labios me arrebata.

XX

Hoy intenté borrar recuerdos, pero con ellos te llevarías mi sonrisa. Intenté amarrar sueños con el fin de quedarme para siempre contigo, aferrarme a tus labios, perderme en tu boca. Hoy desperté desconsolado.
Solo me acompañaba tu recuerdo y tu foto a los pies de mi cama.

XXI

Han pasado más de veinte primaveras desde que te marchaste. Mis últimos días los viví abrazado de tu foto recostado de mi bastón. Hoy en un dormir infinito solo pienso que cuando despierte lo haré abrazado de ti.

———————

INDICE DE POEMAS

Este libro se terminó de imprimir
en Almería durante el mes de enero de 2016